fragen

arsEdition

Was gibt sieben mal sieben?

Ganz feinen Sand

Was ist Wind?

Luft, die es eilig hat

Was kann man nicht zu Mittag essen?

Das Frühstück und das Abendessen

Was sitzt im Wald
auf einem Baum
und ruft »Aha«?

Ein Uhu mit
Sprachfehler

Warum ist der Eisbär weiß und nicht rot?

Wenn er rot wäre, hieße er nicht Eisbär,
sondern Himbär.

Was gibt es in der Wüste massenweise?

Parkplätze

Was ist der Unterschied zwischen einem Pianisten und einem Pinguin?

Der Pianist hat nur einen Flügel.

Was ist einer, der sich nicht wäscht?

Ein Energiesparschwein

Was liegt in der Wüste und ist unsichtbar?

Ein gelber Bindfaden

Und was liegt in der Wüste und ist schwarz?

Der Schatten vom gelben Bindfaden

Welcher Monat hat 28 Tage?

Alle (außer Februar) haben sogar ein paar mehr.

Warum sind Gewitter nachts besonders gefährlich?

Weil die Blitze da den Blitzableiter nicht sehen können

Wer mag es, wenn andere Leute die Nasen in seine Sachen stecken?

Der Taschentuchfabrikbesitzer

Warum ist das Pferd das lustigste Tier?

Weil es wo es geht und steht alles veräppelt.

Wenn der Kopf eines Pferdes nach Westen zeigt, wohin zeigt dann sein Schwanz?

Nach unten

Was sind Vögel, die auf einer Fernsehantenne sitzen?

TV-Stars

Welche Mausefalle hat fünf Buchstaben?

Katze

Was trinken Krokodile am liebsten?

Kroka-Cola

Was hat acht Beine, zwei Schwänze und hört nichts?

Zwei taube Mäuse

Was ist schwarz und weiß und schwarz und weiß und schwarz und weiß?

Ein Pinguin, der einen Berg runterrollt

Was hängt an der Wand und gibt jedem die Hand?

Das Handtuch

Warum dürfen Pferde kein Fahrrad fahren?

Weil sie keinen Daumen zum Klingeln haben

Welches Gewicht will keiner verlieren?

Das Gleichgewicht

Warum sind Fische glitschig?

Damit es nicht quietscht, wenn sie um die Ecke schwimmen

Welches Pferd braucht kein Stroh und Heu?

Das Steckenpferd

Welche Äpfel soll man nicht essen?

Die Pferdeäpfel

Warum wedelt der Hund mit dem Schwanz?

Weil ja schlecht der Schwanz mit dem Hund wedeln kann

Was ist besser, als unheimlich blöd zu sein

Heimlich schlau zu sein

Warum hat der Vogel Strauß so einen langen Hals?

Weil sein Kopf so weit vom Boden entfernt ist

Warum haben doofe Polizisten immer eine Schere dabei?

Damit sie Bankräubern den Fluchtweg abschneiden können

Welcher Hund bekommt nie einen Knochen?

Der Seehund

Was ist klein, gelb gestreift und macht »Mmus, mmus!«?

Eine Biene im Rückwärtsgang

Was kommt heraus, wenn ein Känguru und ein Elefant zusammen Babys bekommen?

Viele tiefe Bodenlöcher in Australien

Wie tief in den Wald kann ein Fuchs ein Kaninchen jagen?

Bis in die Mitte, dann jagt er es wieder hinaus.

Welcher Hut passt auf keinen Kopf?

Der Fingerhut

Und wie bekommt man vier Flusspferde in ein Auto?

Gar nicht, weil schon vier Elefanten drinsitzen

Warum steht der Flamingo auf einem Bein?

Wenn er auch noch das zweite hochzieht, fällt er um.

Welchen Vornamen hat das Reh?

Kartoffelpü

Wer hört alles, sagt aber nie etwas?

Das Ohr

Welches Bett ist immer nass?

Das Flussbett

Welche Kunden werden nicht bedient?

Die Sekunden

Warum können Gespenster nicht lügen?

Weil sie so gut zu durchschauen sind

Was versteht man unter einer viel befahrenen Autobahnbrücke?

Wenig, es ist einfach zu laut.

Rührt man den Tee mit der rechten oder der linken Hand um?

Weder noch. Man nimmt einen Löffel.

Was ist ein Keks unter einem Baum?

Ein schattiges Plätzchen

Welches Tier dreht sich nach dem Tod noch ca. 150-mal um die eigene Achse?

Das Brathähnchen

Was braucht man sofort oder nie mehr?

Einen Fallschirm

Warum können Lehrer schlecht schwimmen?

Sie gehen jeder Sache auf den Grund.

Welcher Bauer hat keinen Traktor?

Der Vogelbauer

Wer spricht alle Sprachen der Welt?

Das Echo

Was sagt der Tintenfisch zu seinem Schatz?

»Komm in meinen Arm, Arm, Arm, Arm ...«

Was ist fertig und muss doch jeden Tag gemacht werden?

Das Bett

Woran erkennt man, dass der Mond bewohnt ist?

Daran, dass das Licht brennt

Wie kann man die Zahl 99 um ein Drittel verkleinern, ohne etwas wegzunehmen?

Man dreht das Blatt um.

Was macht ein Stern, dem alles egal wird?

Er wird zur Sternschnuppe.

Ist es wahr, dass große Menschen fauler sind als kleine?

Ja klar, sie sind immer länger im Bett.

Warum trägt Erika im strömenden Regen ihren Schirm?

Damit er nicht runterfällt

Was macht neunhundertneunundneunzigmal tipp und einmal tock?

Ein Tausendfüßler mit Holzbein

Warum gehst du zu Bett?

Weil das Bett nicht zu dir geht

Wie spricht man am besten mit einem angriffslustigen Nilkrokodil?

Per Telefon

Wo wurde Karl der Große zum Kaiser gekrönt?

Auf dem Kopf

Was hat Rücken und Blätter, ist aber weder Tier noch Pflanze?

Das Buch

Was kann man mit den Augen sehen, aber mit den Händen nicht greifen?

Den Nebel

Mit welchem Netz werden keine Fische gefangen?

Mit dem Spinnennetz

Welches ist das nützlichste Tier?

Das Rindvieh – man kann alles von ihm brauchen: die Milch, das Fleisch und sogar den Namen.

Warum weben Spinnen ihre Netze?

Weil sie nicht stricken können

Was ist schwerer: ein Kilo Federn oder ein Kilo Blei?

Beides ist gleich schwer.

Warum haben Nilpferde so kurze Schwänze?

Damit sie nicht in der Aufzugtür eingeklemmt werden

In welchem Garten gibt es keine Beete?

Im Kindergarten

Was sagte der Tausendfüßler, der zum Geburtstag neue Schuhe bekam?

»Tausend Dank!«

Was macht der Storch, wenn er auf einem Bein steht?

Er überdenkt den nächsten Schritt.

Was sieht aus wie ein Elefant, ist aber gar keiner?

Ein Foto von einem Elefanten

Warum haben Zebras Streifen?

Weil es keine Punkte mehr gab

Was sagt ein Hund, wenn ihm eine Katze auf den Schwanz tritt?

Gar nichts, Hunde können nicht sprechen.

Was kannst du tun, wenn ein ausgewachsener weißer Hai deinen Wasserball klaut?

Einen neuen kaufen

Woran erkennt man, dass ein Elefant im Kühlschrank war?

An den Fußspuren in der Butter

Wenn ein schrecklich wilder Tiger ins Kino geht, wo darf er sich dann hinsetzen?

Wo immer er will

Was hat ein Dieb, wenn er ein Stück Seife geklaut hat?

Ein reines Gewissen

Wer wird gefeuert, wenn er bei Rot über die Ampel geht?

Der Blindenhund

Welcher Bus braucht keinen Fahrer?

Der Globus

Wo ist man erst richtig drin, wenn man mit den Füßen draußen ist?

In der Hose

Welche Kehle bringt keinen Ton heraus?

Die Kniekehle

Was gebe ich dir und es bleibt doch bei mir?

Meine Hand

Welches Tal gefällt den allermeisten Menschen am besten?

Das Kapital

Welche deutsche Stadt steht sehr oft auf dem Tisch?

Essen

Welchen Stern findet man nicht am Himmel?

Den Seestern

Mäht man Heu schon im Juni oder erst im Juli?

Man mäht kein Heu, sondern Gras.

Wer hat Arme, aber keine Beine?

Der Armleuchter

Was macht ein Gespenst, das sich den Magen verdorben hat?

Es spukt.

Was sagen Löwenkinder, wenn sie Touristen im Jeep durch die Savanne fahren sehen?

»Ach nee, nicht schon wieder Futter aus der Dose.«

Aus welchen Gläsern kann man nicht trinken?

Aus Brillengläsern

Was ist, wenn der Briefträger in den Schnee fällt?

Winter

In welchem Monat essen Kleinkinder am wenigsten?

Im Februar

Wer reist immerzu kostenlos um die Welt?

Der Mond

Welches Rad dreht sich nicht, wenn ein Auto in eine Rechtskurve fährt?

Das Reserverad

Was steht zwischen Berg und Tal?

Das Wort »und«

Welches Glöckchen klingelt nicht?

Das Maiglöckchen

Warum fliegen die Zugvögel im Herbst in den Süden?

Weil es zu Fuß zu weit ist

Welche Mütze ist auf den Hund gekommen?

Die Pudelmütze

Warum ist Rätselraten gefährlich?

Weil man sich dabei den Kopf zerbricht

Auf welchem Pferd kann man nicht reiten?

Auf dem Seepferdchen

Was ist schlimmer als eine Giraffe mit Halsschmerzen?

Ein Tausendfüßler mit Fußpilz

Welcher Vogel ist der lustigste?

Der Spaßvogel

Und was fängt mit Z an, saugt Blut und kann fliegen?

Zwei Fledermäuse

Welcher Hase läuft auf zwei Beinen?

Der Angsthase

In welche Tasche kann man nichts stecken?

In die Plaudertasche

Was für Steine liegen in der Mosel?

Nasse Steine

Wen hast du gern und trittst ihn trotzdem?

Den Fußball

Was sagt eine Wand zur anderen?

»Komm, lass uns an der Ecke treffen.«

Worin besteht der Unterschied zwischen einer Giraffe und einer Pudelmütze?

Eine Giraffe kann eine Pudelmütze tragen, aber eine Pudelmütze keine Giraffe.

Wer fällt ständig, ohne sich jemals zu verletzen?

Der Regen

Was fängt mit F an, saugt Blut und kann fliegen?

Fledermaus

Wem darf man ungestraft auf den Kopf hauen?

Dem Nagel

Welcher Peter macht den größten Lärm?

Der Trompeter

Was ist total löchrig und hält trotzdem Wasser fest?

Der Schwamm

Wie geht das Esel-ABC?

IA

Warum regnet es nie zwei Tage hintereinander?

Weil die Nacht dazwischenliegt

Warum kann man Mathe leichter auf dem Mond lernen?

Weil dort alles leichter ist

Welches Tier kann sein ganzes Leben lang Geburtstag feiern?

Die Eintagsfliege

Auf welcher Straße ist noch keiner gefahren?

Auf der Milchstraße

Welche Vögel legen keine Eier, obwohl sie selbst einem Ei entschlüpft sind?

Alle männlichen Vögel

Welcher Laden hat keine Waren?

Der Fensterladen

Wie viele Eier gehen in eine große Eierschachtel?

Kein einziges. Eier müssen gelegt werden, sie können nicht gehen.

Wann fliegt ein Vogel nach Süden?

Wenn sein Schwanz nach Norden zeigt

Welcher Bus überquerte als Erstes den Ozean?

Kolumbus

Auf welchem Kissen kann man nicht schlafen?

Auf einem Stempelkissen

Welches Fieber kann kein Arzt messen?

Das Lampenfieber

In welcher Ader fließt kein Blut?

In der Goldader

Was denkt ein Schornsteinfeger, wenn er über einen Zebrastreifen geht?

Man sieht mich, man sieht mich nicht, man sieht mich ...

Was ist grün und hüpft von Ast zu Ast?

Ein Eichhörnchen beim Militär

Du wirfst es weiß in die Luft und gelb liegt es später auf dem Boden. Was ist das?

Ein rohes Ei!

Wer liegt ständig im Bett, ohne zu schlafen?

Deine Bettdecke

Wo sind die höchsten Berge?

Wo die tiefsten Täler sind

Warum fressen weiße Schafe mehr als schwarze?

Weil es mehr weiße als schwarze Schafe gibt

Was haben Bergwerke, Weihnachtstische und Fußballschuhe gemeinsam?

Stollen

Welcher Raum hat weder Wände noch Türen oder Fenster?

Der Weltraum

Welche drei Worte machen den weißen Hai glücklich?

Mann über Bord!

Warum sind Köche grausam?

Sie schlagen Sahne.

Wie kann man den Geschmack von Salz verbessern?

Man gibt Pommes frites dazu.

Auf welchen Baum können auch die geschicktesten Kletterer nicht hochklettern?

Auf den Stammbaum

Welche Pflanze hat zwei G?

Der Baum, er hat Zwei-ge.

Was ist das Lieblingsessen von Gespenstern?

Spuketti!

Warum reiten Hexen auf Besen?

Staubsauger wären einfach zu schwer.

Kannst du in vier Sekunden zehn australische Tiere nennen?

Ja, sag einfach: »Zehn Kängurus.«

In welchem Fall ist 3 +3 = 7?

In gar keinem

Warum hat die Giraffe einen so langen Hals?

Weil der Kopf so weit oben ist

Welche ist die gefährlichste Jahreszeit?

Das Frühjahr: Die Saat schießt und die Bäume schlagen aus.

Welche Zwillingsbrüder wohnen ganz nah beieinander und werden sich trotzdem ihr Leben lang nicht sehen?

Die Ohren

Was sagte der Architekt, als er den Turm von Pisa plante?

»Wird schon schiefgehen.«

Wer sitzt auf der Wiese, ist grün und macht Muh?

Ein Laubfrosch mit Fremdsprachenkenntnissen

Und wer ist schwarz-weiß-rot, steht auf der Wiese und macht Muh?

Ein Storch, der den Frosch mit den Fremdsprachenkenntnissen gefressen hat

Was hat einen Hals, aber keinen Kopf?

Die Flasche

Welcher Abend fängt schon am Morgen an?

Der Sonnabend

Was haben ein Baby und gefrorenes Wasser gemeinsam?

Beide können nicht laufen.

Warum hat der Fisch keine Haare mehr?

Weil er nichts gegen seine Schuppen getan hat

Was macht ein Glaser ohne Glas?

Er trinkt aus der Flasche.

Was steht auf einem Bein und ist grün?

Ein Frosch im Ballett

Heißt es die, der oder das gerade Kurve?

Weder noch – gerade Kurven gibt es nicht.

Was haben Lehrer und Wolken gemeinsam?

Wenn sie sich verziehen, wird's ein schöner Tag.

Was macht ein Elefant in der Wüste?

Viel Schatten

Was kommt raus, wenn man einen Regenwurm mit einem Igel kreuzt?

Stacheldraht

Welches Lebensmittel ist am lustigsten?

Die Kichererbse

Was wird aus Anna, wenn sie badet?

Annanass

Was ist gleichzeitig drinnen und draußen?

Das Fenster

Wenn Uli Schneiders nachts aus seinem Bett fällt, gegen was fällt er da?

Gegen seinen Willen

Warum trompeten Elefanten?

Weil es ihnen so schwer-
fällt, Klavier zu lernen

Was ist der Unterschied zwischen einem Saxofon und einem Paket Mehl?

Blas doch mal rein, dann weißt du es.

Was ist der Unterschied zwischen einem Bäcker und einem Teppich?

Der Bäcker muss um 4 Uhr aufstehen, der Teppich kann liegen bleiben.

Wie kann man Schweinefleisch am besten frisch halten?

Indem man das Schwein am Leben lässt

Welcher König regiert kein Land?

Der Zaunkönig

Warum öffnen so viele Lehrer das Fenster, wenn sie in die Klasse reinkommen?

Weil es gesünder ist, bei offenem Fenster zu schlafen

Wer hat Flügel, aber keine Federn?

Das Fenster

Was wird ein Chinese, wenn er ins Rote Meer fällt?

Nass

Was ist eine Erdbeere?

Eine Kirsche mit Gänsehaut

Wo führen Flüsse kein Wasser?

Auf der Landkarte

Welcher Richter arbeitet bei keinem Gericht?

Der Schiedsrichter

Was ist der Unterschied zwischen einem Auto und einer Rolle Klopapier?

Ein Auto kann man auch gebraucht kaufen.

Was hat keinen Anfang, aber zwei Enden?

Die Wurst

Welches ist der gefährlichste Sport?

Fußball: Da wird geschossen und geköpft.

Wo hört das Feuer auf und fängt der Rauch an?

Beim Buchstaben R

Welcher Stuhl hat keine Beine?

Der Dachstuhl

Wie viele Leitern braucht man bis zum Mond?

Eine – sie muss nur lang genug sein.

Welches Kätzchen ist kein Tier?

Das Weidenkätzchen

Welcher Löwe kann sehr gut schwimmen?

Der Seelöwe

Wer lebt von der Hand in den Mund?

Der Zahnarzt

Was ist der Unterschied zwischen einem Fußballspieler und einem Fußgänger?

Der Fußgänger muss bei Grün gehen, der Fußballspieler bei Rot.

Was ist noch langweiliger als angeln?

Beim Angeln zugucken

Was ist bei einer Mücke groß und bei einem Kamel klein?

Das M

Was kannst du machen, wenn du endlich tiefer schlafen willst?

Du sägst die Beine von deinem Bett ab.

Wie heißt die Befehlsform von schweigen?

Psst!

Welche Bildung macht nicht schlauer?

Die Einbildung

Wer hat einen Kopf und keine

Der Nagel

Welche Birne wird niemals faul?

Die Glühbirne

Was war am 6.12.1956?

Nikolaustag

Was wird zuerst gelesen und danach verspeist?

Weintrauben

Welche Krone kann kein König tragen?

Die Baumkrone

Warum leben Eskimos so lange?

Weil sie nicht ins Gras beißen können

Mit welcher Gabel kann man nicht essen?

Mit der Fahrradgabel

Welcher Hahn kann nicht krähen?

Der Wasserhahn

Mit welchem Pinsel kann man nicht malen?

Mit dem Einfaltspinsel

Wer hat 21 Augen und kann doch nicht sehen?

Der Würfel

Welchen Pilz kann man nicht pflücken?

Den Glückspilz

Wer geht lange spazieren, bleibt aber trotzdem am Haus?

Die Schnecke

Welche Bilder kann man nur im Dunkeln sehen?

Die Sternbilder

Welcher Vogel sieht dem Storch am ähnlichsten?

Die Störchin

Darf man die Schwiegermutter der Frau seines Bruders heiraten?

Nein, denn das ist die eigene Mutter.

Wie viele Erbsen passen in ein leeres Glas?

Eine, danach ist es nicht mehr leer.

Je mehr er hat, desto weniger wiegt er.
Was ist das?

Ein Käse mit Löchern

Wo arbeitet ein Bäcker
bei der Marine?

An Backbord

Wer ist immer im Bett und doch stets
unterwegs?

Der Fluss

Welche Rosen haben
keine Dornen?

Die Matrosen

Wie heißt der
Schutzpatron der
Glöckner?

Heiliger Bimbam

Welcher Blitz ist ungefährlich?

Der Geistesblitz

Welcher Fall
tut nicht weh?

Der Beifall

Wenn man es tut, ist es getan. Tut man es nicht, geschieht es doch.

Abtrocknen

Welcher Ring ist nicht rund?

Der Hering

Warum sind Glatzköpfe so fried-liche Menschen?

Weil sie sich nie in die Haare kriegen

Was ist rot und bewegt sich auf und ab?

Eine Tomate im Aufzug

Drei Männer machen einen Kopfsprung ins Wasser, aber nur einer von ihnen bekommt nasse Haare. Wie ist das möglich?

Die beiden anderen haben eine Glatze.

Was steht hinter der Freiheitsstatue?

Ein Fragezeichen

Welches Getränk ist am stärksten?

Wasser, es kann sogar Schiffe tragen.

Drei Heuhaufen von einer Wiese und fünf von einer anderen Wiese werden zusammengetragen. Wie viele Heuhaufen macht das?

Einen großen

Wieso können Skelette so schlecht lügen?

Weil sie so leicht zu durchschauen sind

Ein Hahn legt auf einer Kirchturmspitze ein Ei. Der Wind kommt aus dem Osten. Zu welcher Seite kippt das Ei?

Hähne legen keine Eier.

Welches ist das stärkste Tier?

Die Schnecke: Sie trägt ein ganzes Haus.

Wer trägt eine Brille und kann doch nicht sehen?

Die Nase

Mit welchen Nägeln kann man nicht nageln?

Mit den Fingernägeln

Was geht auf und ab und bewegt sich nicht?

Die Treppe

Warum muss man in einer Apotheke immer so leise sein?

Damit die Schlaftabletten nicht aufwachen

Welche Kohle ist nicht schwarz?

Die Braunkohle

Worin liegt der Unterschied zwischen einem Blitz und einem Pferd?

Der Blitz schlägt ein, das Pferd schlägt aus.

Welche Leiter nützt der Feuerwehr nichts?

Die Tonleiter

Wozu haben Polizisten eine Mütze?

Zum Aufsetzen

Wer trägt den Namen auf dem Rücken?

Das Buch

Der Gemüsehändler an der Ecke ist 1,83 Meter groß, hat einen Brustumfang von 98 Zentimetern und trägt Schuhgröße 44. Was wiegt er?

Das Gemüse

Warum schauen Geizkrägen so oft über den Rand ihrer Brille?

Sie wollen nicht, dass sich die Gläser so schnell abnutzen.

Wer kann auch ohne Füße springen?

Der Springbrunnen

Welcher Sinn hat keinen Sinn?

Der Unsinn

Welches sind die kleinsten Schützen?

Die ABC-Schützen

Wer kann ohne Nase riechen?

Der Käse

Welcher Baum hat keine Wurzeln,
keine Zweige und auch keine Blätter?

Der Purzelbaum

Welcher Satz hat keine Wörter?

Der Kaffeesatz

Welchen Hang sollte man
nicht hochsteigen?

Den Vorhang

Wann funkt ein Astronaut
»Alles in Butter!«?

Wenn er durch die Milchstraße fliegt

Welche Mutter hat kein Kind?

Die Schraubenmutter

Was bleibt übrig, wenn aus einem Dreieck ein Ei rausfällt?

Dreck

75 Schornsteine plus 5 Schornsteine plus 10 Schornsteine minus 8 Schornsteine. Was kommt da heraus?

Viel Rauch!

Welches Ohr kann nichts hören?

Das Eselsohr

Welche Zeiten sind die schönsten?

Die Mahlzeiten

Wer führt ein sehr aufreibendes Leben?

Der Radiergummi!

Was ist eine weitverbreitete seelische Krankheit bei Luftballons?

Platzangst

Was lieben Katzen und Schwimmer?

Das Kraulen

Was ist außen gelb und innen grün?

Eine Giraffe, die aus Versehen einen Frosch verschluckt hat

Was kann sich immer rundherum drehen und wird doch nicht schwindelig?

Die Erde

Welcher Gang kann zum Untergang führen?

Der Seegang

Welches sind die ungefährlichsten Täter?

Die Sanitäter

Warum schließt der Hahn die Augen, wenn er kräht?

Weil er den Text auswendig kann

Was tut man, bevor man aus dem Zug aussteigt?

Einsteigen

Welcher Vogel ist meistens traurig?

Der Pechvogel

Was braucht ein Auto unbedingt, was dem Pferd sehr lästig ist?

Bremsen

Welche Zähne bekommt man zuletzt?

Die falschen

Wie kann man ein Glas austrinken, ohne es zu berühren?

Mit einem Strohhalm

Wie heißt der Fink, der nicht fliegt?

Schmutzfink

Welches Schwein steht in keinem Stall?

Das Sparschwein

Wieso hängt ein Doofer die Toilettentür vorm Pipimachen aus?

Damit keiner durchs Schlüsselloch gucken kann

Welches Laub fällt nicht vom Baum?

Urlaub

Wie heißt der Teufel mit Vornamen?

Pfui

Und wer hat Beine, aber keine Arme?

Der Stuhl

Wer hat einen Bauch, aber keinen Rücken?

Die Teekanne

Und wer hat einen Rücken, aber keinen Bauch?

Der Berg

Wo kommt Silvester vor Weihnachten?

Im Wörterbuch

Was sitzt still in einer Ecke und reist doch um die ganze Welt?

Die Briefmarke

Welcher Stuhl hat kein einziges Bein?

Der Fahrstuhl

Welcher Tiger lacht ständig?

Ein Lustiger

Merle geht mit einem Mann in ein Gebäude, kommt heraus und wird beworfen. Welches Kleid hat sie an?

Ein Brautkleid

Wie nennt man jemanden, der sein Brot selbst backt?

Eigenbrötler

Welcher Tiger muss eine Brille tragen?

Ein Kurzsichtiger

Wer trägt seinen Pelz sogar im Bett?

Der Faulpelz

Mit welchem Ball kann man nicht spielen?

Mit dem Erdball

Welche Säge hinterlässt keine Späne?

Die Nervensäge

Wer tritt uns ungestraft ins Gesicht?

Der Schweiß

Abends kommen sie, aber niemand bringt sie, morgens sind sie weg, aber niemand hat sie versteckt.

Die Sterne

Woran merkt man, dass Ebbe ist?

Daran, dass es beim Rudern staubt

Was macht die Kuh wenn sie ihr Euter schüttelt?

Einen Milchshake

Was setzt der Gärtner als Erstes in einen neuen Garten?

Seinen Fuß

Welche Blume blüht nur im Winter?

Die Eisblume am Fenster

Was ist höher als ein Admiral?

Sein Hut

Wer läuft immer mit einem Kamm herum, obwohl er keine Haare hat?

Der Hahn

Welcher Hund ist nicht gerne gesehen?

Der Schund

Was sagt der Gabelstaplerfahrer, wenn er mit der Arbeit fertig ist?

Alles paletti!

Welchen Kuchen kann man nicht essen?

Pustekuchen

Was kommt einmal im Monat, zweimal im Moment und keinmal in 1000 Jahren vor?

Das M

Welcher Fisch hat vorne einen Elektroanschluss?

Der Kabeljau

In welchen Zug passt nur eine Person?

In den Anzug

Welchen Keks kann man nicht essen?

Den Scherzkeks

Welche Jagd ist für Tiere ungefährlich?

Die Schnitzeljagd

Was fängt an mit »Po«, hat 4 Buchstaben und man sitzt darauf?

Pony

Wo fliegt eine Wolke hin, wenn sie Juckreiz bekommt?

Zum Wolkenkratzer

An welchem Ort ist stets etwas geschehen?

Am Tatort

Was geht rot ins Wasser und kommt schwarz wieder raus?

Glühende Kohle

In welche Gläser soll man keinen Wein eingießen?

In volle

Warum ist der Mond so blass?

Weil er nachts nicht schlafen kann

Welches Tier steckt im Kaffee?

Der Affe

Welche Brille verbessert nicht die Sicht?

Die Klobrille

In welcher Schule gibt es keine Kinder?

In der Fahrschule

Was überwältigt auch den stärksten Mann?

Der Schlaf

Welche Tomaten kann man nicht essen?

Die Automaten

Wer hat Federn, aber keine Flügel?

Das Kopfkissen

Welche Uhr steht und geht trotzdem ganz genau?

Die Standuhr

Welche Bogen tragen wir stets bei uns?

Die Ellenbogen

Mit welcher Nadel kann man nicht nähen?

Mit einer Tannennadel

Welches Bein hat keinen Kontakt zum Boden?

Das Elfenbein

Wer hat es leichter: der Tee oder der Kaffee?

Der Kaffee – der Tee muss immer ziehen.

Welche Pillen verordnet kein Arzt?

Die Pupillen

Mit welchem Topf kann man nicht kochen?

Mit dem Blumentopf

Welcher Braten ist völlig ungenießbar?

Der Satansbraten

Wie nennt man einen Cowboy ohne Pferd?

Sattelschlepper

Wozu stellen besonders gute Gastgeber leere Flaschen in den Kühlschrank?

Für Gäste, die nichts trinken wollen

Was ist ein Vulkan?

Ein Berg mit Schluckauf

Wohin geht man, wenn man sechs Jahre alt wird?

Ins siebte Lebensjahr

Welchen Zettel kann man nicht beschreiben?

Den Denkzettel

Welche Kette wird nicht am Hals getragen?

Die Schneekette

Welche Brücke führt über keinen Fluss?

Die Eselsbrücke

Was ist der Unterschied zwischen einem Glatzkopf und einem Mofa?

Ein Mofa kann man frisieren.

Welcher Frosch lebt nicht im Wasser?

Der Knallfrosch

Was ist der Unterschied zwischen einem Beinbruch und einem Einbruch?

Nach einem Beinbruch muss man liegen, nach einem Einbruch muss man sitzen.

Welches Schaf gibt keine Wolle?

Der Neidhammel

Warum haben Fische Schuppen?

Damit sie ihre Fahrräder unterstellen können

Welchen Bruch kann man nicht wieder heilen?

Den Wolkenbruch

Wie heißen die Ureinwohner der Sahara?

Wüstlinge

Was kann auch in einer leeren Tasche drin sein?

Ein Loch

In welchem Hafen gibt es keine Schiffe?

Im Flughafen

Welches Jahr hat nur 3 Monate?

Das Frühjahr

Wer verdient sein Geld im Handumdrehen?

Der Drehorgelspieler

Was ist der Unterschied zwischen einem Vegetarier und einem Schiedsrichter?

Der Vegetarier hat Tomaten auf dem Teller. Der Schiedsrichter hat Tomaten auf den Augen.

Wer verdient sein Geld, ohne auch nur an einem Tag zu arbeiten?

Der Nachtwächter

Wer hat viele Zähne, aber keinen Mund?

Die Säge

Warum bevorzugen Fische Salzwasser?

Weil sie von Pfeffer immer niesen müssen

Wer geht durch alle Gassen, klopft an Türen und Fenster und wird doch von niemandem gesehen?

Der Wind

Wer kommt schon grau-haarig auf die Welt?

Der Esel

Was sieht aus wie eine Katze, miaut wie eine, ist aber keine Katze?

Ein Kater

Was ist der Unterschied zwischen einer Kuh und einer Milchtüte?

Milchtüten kann man besser stapeln.

Wie bekommt man vier Elefanten in ein Auto?

Zwei vorne, zwei hinten

Was kann man verlieren, ohne dass es jemand findet?

Das Bewusstsein

Welches Wort ist gleich ein ganzer Satz?

Das Sprichwort

Welche Schuhe haben keine Sohlen?

Die Handschuhe

Was steigt und fällt und bleibt doch am gleichen Ort?

Das Thermometer

Nach welchen Bergen sehnen sich die Wanderer?

Nach den Herbergen.

Was können Kinder machen, das niemand sehen kann?

Lärm

Was ist eine falsche Behauptung?

Eine Perücke

Text: Ute Löwenberg
Illustrationen: Charlotte Wagner

ISBN 978-3-7607-9891-2

www.arsedition.de

Woran erkennt man, wo beim Regenwurm vorne und hinten ist?

Man kitzelt ihn in der Mitte. Wo er kichert, ist vorne.

Was hat vier Beine und kann trotzdem nicht laufen?

Zwei Hosen

Wie bekommt man ein Nilpferd in einen Kühlschrank?

Tür auf, Nilpferd rein, Tür zu

Womit würfeln Eskimos?

Mit Eiswürfeln

Wie heißt der Gott der Vergesslichen?

Äh Dings

Was ist der Unterschied zwischen einem Nilpferd und einem Floh?

Ein Nilpferd kann einen Floh haben, ein Floh aber kein Nilpferd.

Wie heißt der chinesische Verkehrsminister?

Um-Lei-Tung

Wie heißt der leichteste Chinese?

Ping-Pong

Und wie der schwerste?

Be-Tong

Wie überqueren Ameisen einen Fluss?

Sie nehmen das A aus ihrem Namen und fliegen ans andere Ufer.

Wenn drei Maurer fünf Stunden brauchen, um eine Mauer zu errichten, wie lange brauchen dann sechs Maurer für dieselbe Mauer?

Nicht eine einzige, weil die Mauer ja schon steht

Warum hört die Pampelmuse auf zu rollen?

Weil ihr der Saft ausgegangen ist

Was bekommt man, wenn man einen Tiger mit einem Specht kreuzt?

Einen Tiger, der höflich anklopft, bevor er dich frisst

Welcher Zahn beißt nicht?

Der Löwenzahn

Was ist beim Geizkragen das Musikzimmer?

Das Zimmer, wo man die Musikanlage der Nachbarn am besten hört

Wie teilt man 7 Äpfel zwischen 3 Kindern gerecht auf?

Als Apfelmus

Welche Frage kannst du nie wahrheitsgemäß mit Ja beantworten?

»Schläfst du schon?«

Welche Zeit ist es, wenn man einem Tiger begegnet?

Höchste Zeit abzuhauen

Warum ist eine Giraffe groß und gelb gemustert?

Wenn sie klein und gelb gemustert wäre, wäre sie eine Biene.

Was fällt durch Glas, ohne dass dieses zerbricht?

Das Sonnenlicht

Welches Tier springt höher als der Kölner Dom?

Doofe Frage: Der Kölner Dom kann doch gar nicht springen.

Was hat ein Storch, der in einem Misthaufen landet?

Kotflügel

Was ist weiß und kriecht den Berg hinauf?

Eine Lawine mit Heimweh

Was kommt heraus, wenn eine Kuh und ein Tintenfisch zusammen Kinder kriegen?

Kühe, die sich selbst melken können

Wie umarmen sich zwei Igel?

Äußerst vorsichtig

Oma, Opa, ihre drei Kinder, deren fünf Kinder und zwei Hunde stehen unter einem einzigen Regenschirm. Warum werden sie nicht nass?

Weil es nicht regnet

Wie kommt ein Nilpferd in eine Streichholzschachtel?

Vor dem Reinlegen die Streichhölzer rausnehmen!

Was sagt eine Schnecke, die auf einer Schildkröte reitet?

»Jipiiiiiie!«

Was sagt der Igel zum Kaktus?

Bist du es, Mami?

In welchem Zug kann man nicht fahren?

Im Durchzug

Welche Schrift muss jeder Postbote lesen können?

Die Anschrift

Was ist einer, der in Europa geboren, in Amerika aufgewachsen und in Australien gestorben ist?

Tot

Was steht mitten im Feuer und brennt nie an?

Das u

Was ist ein Chirurg?

Ein Aufschneider

Was ist ein Mensch, der immer Ordnung hält?

Nur zu faul zum Suchen

Warum trinken Mäuse keinen Alkohol?

Weil sie Angst vor dem Kater haben

Welches Horn kann man nicht blasen?

Das Matterhorn

Wie sagt man Postbote ohne o.

Briefträger

Welcher Lappen taugt nicht zum Putzen?

Der Jammerlappen

Was hat einen Eingang, aber drei Ausgänge?

Der Pullover

Was tragen Gummibären im Regen?

Gummistiefel

Warum wurde Aschenputtel aus der Fußballmannschaft geworfen?

Sie lief immer vom Ball weg.

Warum haben Elefanten so runzlige Haut?

Weil sie sich so schlecht bügeln lassen

Warum ist das Akkordeon das älteste Musikinstrument?

Weil es die meisten Falten hat.

Warum summen Bienen?

Weil sie den Text nicht kennen

Was ist dick, gelb und kann nicht Rollschuh laufen?

Senf

Was dringt durchs ganze Haus, ohne eine Wand zu berühren?

Die Stimme

Wie melkt man einen Igel?

Gaaaanz vorsichtig

Was sollte man dringend tun, wenn man in der Wüste plötzlich einer Schlange gegenübersteht?

Sich hinten anstellen

Und warum kann man keine Mäuse melken?

Weil kein Eimer druntерpasst.